Zu neuen Ufern

Das kleine Buch der Wandlungen

Herausgegeben von:
Jochen Mariss und Reinhard Becker

Grafik Werkstatt Bielefeld

Zauber

Und jedem Anfang
wohnt ein Zauber inne,
der uns beschützt und
der uns hilft, zu leben.

Hermann Hesse

Spiegelbild

Wenn du die Welt
verändern willst, beginne
mit dem Menschen, den du
jeden Morgen im Spiegel siehst.

Drei Wünsche

...die Gelassenheit,
alles das hinzunehmen,
was nicht zu ändern ist,
die Kraft zu ändern,
was nicht länger zu
ertragen ist und die
Weisheit, das eine vom
anderen zu unterscheiden.

Nur

wer sich ändert,
bleibt sich treu.

Wolf Biermann

LICHT

Es gibt zwei Wege aus
der Dunkelheit:
entweder du machst Licht,
dort wo du bist,
oder du gehst in die Sonne.

Jochen Mariss

Stille Stunden

Stille Stunden
sind die beste
Zeit für klare
Entscheidungen.

Aufribbeln...

Manchmal würde ich gern ein Stückchen Leben wieder aufribbeln und nach einem ganz anderen Muster nochmal neu stricken. Jochen Mariss

Aufgeben

UND WENN DIE ZEIT
GEKOMMEN IST ETWAS
AUFZUGEBEN, GIB ES AUF.

MARY OLIVER

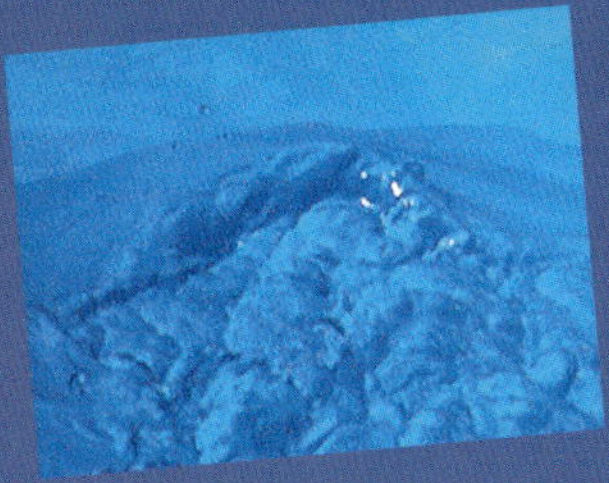

Neue Ufer

Wer auf dem Strom des Lebens
seinen eigenen Weg finden will,
muss sich ein Boot bauen
aus Eigensinn und Phantasie.

Jochen Mariss

Wenn es…

… das Richtige ist,
wird es geschehen,
wenn nicht, war es
nicht das Richtige.

Anfangen...

Fange nie an
aufzuhören!
Höre nie auf
anzufangen!

CLOSED
WENT BANKRUPT

Das Wichtigste…

… im Leben
finden wir nicht
durch intensive Suche,
sondern so, wie man
etwa eine Muschel
am Strand findet.
Im Grunde findet es uns.

Jochen Mariss

Wo kommen wir hin?

Wo kämen wir hin,
wenn alle sagten,
wo kämen wir hin,
und keiner ginge,
um zu sehen,
wohin wir kämen,
wenn wir gingen?

Kurt Marti

Veränderung

Nichts ändert
sich, außer ich
ändere mich.
Alles ändert
sich, sobald ich
mich verändere.

Beginnen...

Was immer du tun kannst
oder erträumst zu können,
beginne es.
Kühnheit besitzt Genie,
Macht und magische Kraft.
Beginne es jetzt.

Johann Wolfgang von Goethe

Träume

Das Neue ist niemals
ganz neu. Es geht immer
ein Traum voraus.

Ernst Bloch

Und eines schönen
Tages spürst du
genügend Kraft,
Mut und Zuversicht,
um dich von den
Fesseln des Zögerns
und der Angst zu
befreien und etwas
Neues zu beginnen.

Jochen Mariss

NEULAND

Wandel

Die Wolken, die Flüsse,
die Bäume sind immer gleich
und doch immer anders,
sich selber treu und doch
bereit, sich zu ändern.
Bestand hat nur der Wandel.

Jochen Mariss

Laufen lernen

Lieber auf neuen
Wegen stolpern,
als in den alten Bahnen
auf der Stelle treten.

Jochen Mariss

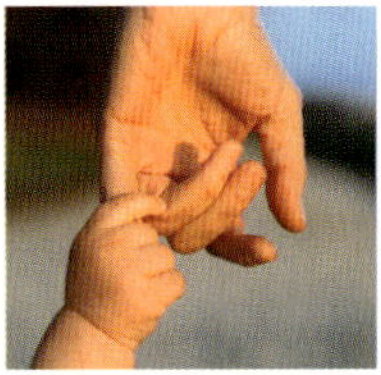

Leben…

Wer sich nicht ändert,
hat nicht gelebt.

Chinesisches Sprichwort

Kleine Schritte

Viele kleine Leute
an vielen kleinen Orten,
die viele kleine Schritte tun,
können das Gesicht der Welt verändern.

Afrikanisches Sprichwort

Glück…

Und plötzlich weisst du:
Es ist Zeit, etwas Neues
zu beginnen und dem Zauber
des Anfangs zu vertrauen.

Jochen Mariss

Wenn es besser werden soll

Ich weiß nicht ob es
besser wird, wenn es
anders wird. Ich weiß nur,
dass es anders werden muss,
wenn es besser werden soll.

Georg Christoph Lichtenberg

Weitere Buchtitel aus dieser Reihe

Seite an Seite, das kleine Buch über die Freundschaft ISBN 3-923902-39-5
Von ganzem Herzen, ein kleines Buch über die Liebe ISBN 3-923902-42-5
Viel Glück, das kleine Buch vom großen Glück ISBN 3-923902-40-9

Quellenangaben

Seite 2: aus „Sämtliche Werke", © Suhrkamp Verlag, Frankfurt am Main
Seite 9: © 1991 by Verlag Kiepenheuer & Witsch, Köln
Seite 33: © Suhrkamp Verlag, Frankfurt am Main

Impressum

Gesamtgestaltung: Bluebox, Atelier für Fotografie, Text und Design, Bielefeld
Fotos: © Reinhard Becker, Jochen Mariss und Werner Bethmann

Druck: E. Holterdorf Gmbh & Co. KG, Oelde

ISBN 3-923902-41-7

Zahlreiche Fotos und Texte aus diesem Buch sind bei der
Grafik Werkstatt Bielefeld als Postkarten erschienen.
Weitere Informationen über das Verlagsprogramm im Internet
unter: www.grafik-werkstatt-bielefeld.de